50 Filipino Cookbook Recipes

By: Kelly Johnson

Table of Contents

- Adobo
- Sinigang na Baboy (Pork Sour Soup)
- Lechon Kawali (Crispy Pork Belly)
- Kare-Kare (Peanut Stew)
- Pancit Canton (Stir-Fried Noodles)
- Lumpia (Filipino Spring Rolls)
- Laing (Taro Leaves in Coconut Milk)
- Puto (Steamed Rice Cakes)
- Bicol Express (Spicy Pork in Coconut Milk)
- Tinola (Chicken Soup with Papaya)
- Arroz Caldo (Chicken Rice Porridge)
- Pochero (Pork Stew)
- Chicken Inasal (Grilled Chicken)
- Munggo (Mung Bean Soup)
- Kaldereta (Beef Stew)
- Pansit Malabon (Pansit with Shrimp and Pork)
- Bagnet (Crispy Pork Belly)
- Sotanghon (Glass Noodle Soup)
- Bistek Tagalog (Beef Steak)
- Pinakbet (Vegetable Stew with Shrimp Paste)
- Tapsilog (Beef Tapa, Garlic Rice, and Egg)
- Fish Sarciado (Fish in Tomato Sauce)
- Ginisang Munggo (Mung Bean Stir-Fry)
- Bibingka (Rice Cake)
- Halo-Halo (Shaved Ice Dessert)
- Kutsinta (Sticky Rice Cake)
- Empanada (Filipino Pastry)
- Tokwa't Baboy (Tofu and Pork)
- Chopsuey (Stir-Fried Mixed Vegetables)
- Batchoy (Pork Noodle Soup)
- Goto (Beef Tripe Soup)
- Lomi (Thick Noodle Soup)
- Suman (Sticky Rice)
- Puto Pao (Steamed Buns with Pork Filling)
- Taho (Sweet Tofu Snack)

- Pinoy Spaghetti (Filipino Style Spaghetti)
- Puto Bumbong (Purple Rice Cake)
- Piyaya (Sweet Flatbread)
- Pan de Sal (Filipino Bread Rolls)
- Lata (Pineapple Ham)
- Baked Macaroni
- Ukoy (Shrimp Fritters)
- Sisig (Sizzling Pork)
- Inihaw na Baboy (Grilled Pork)
- Kansi (Beef Soup with Batwan)
- Malasakit na Baboy (Sweet and Sour Pork)
- Ginataang Bilo-Bilo (Rice Balls in Coconut Milk)
- Biko (Sticky Rice with Brown Sugar)
- Gising-Gising (Spicy Ground Pork with Vegetables)
- Puto Flan (Leche Flan on Rice Cake)

Adobo

Ingredients:

- **Pork or chicken** (cut into pieces)
- **Soy sauce**
- **Vinegar**
- **Garlic** (minced)
- **Bay leaves**
- **Peppercorns**
- **Onion** (optional)
- **Potatoes** (optional, for garnish)

Instructions:

1. **Marinate the Meat:**
   - Combine soy sauce, vinegar, garlic, bay leaves, and peppercorns in a bowl. Marinate meat for at least 30 minutes.
2. **Cook the Meat:**
   - In a large pot, add the marinated meat with the liquid. Simmer for 30-40 minutes or until the meat is tender.
3. **Fry the Meat (Optional):**
   - For extra flavor, fry the cooked meat until golden and crispy, then return to the sauce.
4. **Serve:**
   - Serve with steamed rice and garnish with potatoes if desired.

Sinigang na Baboy (Pork Sour Soup)

Ingredients:

- **Pork belly or ribs** (cut into pieces)
- **Tamarind paste** or fresh tamarind
- **Tomatoes** (quartered)
- **Onions** (quartered)
- **Radish** (sliced)
- **Long green beans** (cut into pieces)
- **Eggplant** (sliced)
- **Spinach** or **kangkong** (water spinach)
- **Fish sauce** and **salt** (to taste)

Instructions:

1. **Cook the Pork:**

   - Boil the pork with water and simmer until tender (about 45 minutes to 1 hour).

2. **Add the Vegetables:**

   - Add tamarind paste or fresh tamarind to the pot, followed by tomatoes, onions, radish, long beans, and eggplant. Simmer until vegetables are tender.

3. **Season the Soup:**

   - Season with fish sauce, salt, and more tamarind if a stronger sour flavor is desired.

4. **Serve:**

   - Add spinach or kangkong just before serving. Enjoy hot with steamed rice.

Lechon Kawali (Crispy Pork Belly)

Ingredients:

- **Pork belly** (cut into pieces)
- **Garlic** (minced)
- **Bay leaves**
- **Peppercorns**
- **Salt** (to taste)
- **Oil** (for frying)

Instructions:

1. **Boil the Pork:**

    - Boil pork belly in water with garlic, bay leaves, peppercorns, and salt until tender (about 1 hour).

2. **Dry the Pork:**

    - Remove the pork from the pot and let it dry completely.

3. **Fry the Pork:**

    - Heat oil in a pan and deep fry the pork belly pieces until golden brown and crispy.

4. **Serve:**

    - Serve with a dipping sauce made of vinegar, soy sauce, and chili, and enjoy with rice.

Kare-Kare (Peanut Stew)

Ingredients:

- **Beef shank** or **oxtail** (cut into pieces)
- **Peanut butter**
- **Ground rice** (optional, for thickening)
- **Eggplant** (sliced)
- **String beans** (cut into pieces)
- **Banana hearts** (optional)
- **Onion** (sliced)
- **Garlic** (minced)
- **Fish sauce** and **salt** (to taste)

Instructions:

1. **Cook the Beef:**

   - Boil beef shank or oxtail until tender (about 1.5 to 2 hours).

2. **Prepare the Sauce:**

   - In a separate pan, sauté onion and garlic, then add peanut butter and ground rice (optional). Add some of the broth from the beef and mix until smooth.

3. **Combine and Simmer:**

   - Add the peanut mixture to the beef, then simmer for 15 minutes. Add eggplant, string beans, and banana hearts and cook until tender.

4. **Serve:**

   - Serve hot with bagoong (fermented shrimp paste) on the side and steamed rice.

Pancit Canton (Stir-Fried Noodles)

Ingredients:

- **Egg noodles** (Pancit Canton)
- **Shrimp** (peeled and deveined)
- **Pork** (sliced)
- **Chicken** (sliced)
- **Garlic** (minced)
- **Onions** (sliced)
- **Carrots** (julienned)
- **Cabbage** (shredded)
- **Soy sauce** and **fish sauce** (to taste)
- **Chicken stock**

Instructions:

1. **Prepare the Noodles:**

    - Cook noodles according to package instructions, then set aside.

2. **Cook the Meat:**

    - In a large pan, sauté garlic and onions, then add shrimp, pork, and chicken. Cook until the meat is tender.

3. **Stir-Fry the Noodles:**

    - Add the cooked noodles and vegetables to the pan. Pour in soy sauce, fish sauce, and chicken stock, then stir-fry until everything is well-mixed and heated through.

4. **Serve:**

    - Serve hot, garnished with fried garlic and lime wedges.

Lumpia (Filipino Spring Rolls)

Ingredients:

- **Ground pork or beef**
- **Shrimp** (optional)
- **Carrots** (julienned)
- **Cabbage** (shredded)
- **Garlic** (minced)
- **Onion** (sliced)
- **Soy sauce**
- **Spring roll wrappers**
- **Oil** (for frying)

Instructions:

1. **Prepare the Filling:**

   - Sauté garlic, onion, and ground meat in oil until cooked. Add carrots, cabbage, and soy sauce. Stir-fry until tender, then let the mixture cool.

2. **Assemble the Lumpia:**

   - Place a small amount of the filling on a spring roll wrapper and roll tightly, folding in the edges as you go.

3. **Fry the Lumpia:**

   - Heat oil in a pan and deep fry the lumpia until golden and crispy.

4. **Serve:**

   - Serve hot with sweet chili sauce or vinegar dipping sauce.

Laing (Taro Leaves in Coconut Milk)

Ingredients:

- **Taro leaves** (sliced and chopped)
- **Coconut milk**
- **Shrimp paste** (optional)
- **Garlic** (minced)
- **Onion** (sliced)
- **Chili peppers** (optional)

Instructions:

1. **Prepare the Taro Leaves:**

   - Wash and chop the taro leaves. Ensure they are tender before using.

2. **Cook the Base:**

   - Sauté garlic and onion in a pan, then add coconut milk and shrimp paste (if using).

3. **Simmer the Taro Leaves:**

   - Add taro leaves and chili peppers (optional) to the coconut milk. Simmer until the leaves are tender and the flavors have melded.

4. **Serve:**

   - Serve with steamed rice.

Puto (Steamed Rice Cakes)

Ingredients:

- **Rice flour**
- **Sugar**
- **Coconut milk**
- **Baking powder**
- **Water**
- **Salt**
- **Cheese** (optional, for topping)

Instructions:

1. **Prepare the Batter:**

    - Mix rice flour, sugar, baking powder, and salt in a bowl. Add coconut milk and water to form a smooth batter.

2. **Steam the Cakes:**

    - Pour the batter into individual molds and steam for 15-20 minutes until firm.

3. **Serve:**

    - Serve warm, topped with cheese if desired.

Bicol Express (Spicy Pork in Coconut Milk)

Ingredients:

- **Pork belly** (cut into pieces)
- **Coconut milk**
- **Chili peppers** (sliced)
- **Garlic** (minced)
- **Onion** (sliced)
- **Fish sauce**
- **Shrimp paste** (optional)

Instructions:

1. **Cook the Pork:**

   - Sauté garlic and onion in a pan, then add pork and cook until browned.

2. **Add Coconut Milk and Simmer:**

   - Add coconut milk, shrimp paste (if using), and chili peppers. Simmer until the pork is tender and the sauce has thickened.

3. **Serve:**

   - Serve hot with steamed rice.

Tinola (Chicken Soup with Papaya)

Ingredients:

- **Chicken** (cut into pieces)
- **Green papaya** (peeled and sliced)
- **Ginger** (sliced)
- **Onion** (sliced)
- **Garlic** (minced)
- **Fish sauce**
- **Spinach** (or malunggay leaves)

Instructions:

1. **Cook the Chicken:**

    - Sauté ginger, garlic, and onion, then add chicken and cook until browned.
2. **Add Papaya and Broth:**

    - Add green papaya and water. Simmer until the chicken is tender and the papaya is cooked.
3. **Season and Add Greens:**

    - Season with fish sauce and add spinach or malunggay leaves just before serving.
4. **Serve:**

    - Serve hot with steamed rice.

Arroz Caldo (Chicken Rice Porridge)

Ingredients:

- **Chicken** (cut into pieces)
- **Rice** (washed)
- **Ginger** (sliced)
- **Garlic** (minced)
- **Onion** (sliced)
- **Fish sauce** and **salt** (to taste)
- **Chicken stock** or water
- **Hard-boiled eggs** (for garnish)
- **Green onions** (for garnish)
- **Calamansi** (for serving)

Instructions:

1. **Cook the Chicken:**

   - In a pot, sauté garlic, onion, and ginger until fragrant. Add chicken pieces and cook until lightly browned.

2. **Add Rice and Broth:**

   - Add rice and stir for a minute. Pour in chicken stock or water, and bring to a boil. Simmer until rice is fully cooked and the porridge thickens.

3. **Season:**

   - Season with fish sauce and salt to taste. Add more water if necessary to achieve desired consistency.

4. **Serve:**

   - Top with hard-boiled eggs, green onions, and a squeeze of calamansi.

Pochero (Pork Stew)

Ingredients:

- **Pork (chops or belly)** (cut into pieces)
- **Banana heart** (sliced)
- **Potatoes** (peeled and cut)
- **Plantains** (peeled and cut)
- **Tomatoes** (quartered)
- **Onion** (quartered)
- **Garlic** (minced)
- **Fish sauce** and **soy sauce**
- **Water** or **chicken stock**
- **Chili peppers** (optional)

Instructions:

1. **Sauté the Pork:**

    - In a pot, sauté garlic, onion, and tomatoes until softened. Add pork and cook until browned.

2. **Simmer:**

    - Add water or chicken stock, soy sauce, and fish sauce. Simmer until the pork is tender.

3. **Add Vegetables:**

    - Add banana heart, potatoes, and plantains. Cook until the vegetables are tender.

4. **Serve:**

    - Serve hot with a side of steamed rice.

Chicken Inasal (Grilled Chicken)

Ingredients:

- **Chicken** (cut into serving pieces)
- **Calamansi** or **lemon** (juice)
- **Ginger** (minced)
- **Garlic** (minced)
- **Soy sauce**
- **Vinegar**
- **Annatto oil** (for color)
- **Salt** and **pepper**

Instructions:

1. **Marinate the Chicken:**

    - Combine calamansi or lemon juice, ginger, garlic, soy sauce, vinegar, annatto oil, salt, and pepper. Marinate the chicken for at least 2 hours or overnight.

2. **Grill the Chicken:**

    - Grill the marinated chicken pieces until golden brown and cooked through, basting with the marinade while grilling.

3. **Serve:**

    - Serve with garlic rice and a dipping sauce of soy sauce and calamansi.

Munggo (Mung Bean Soup)

Ingredients:

- **Mung beans** (soaked overnight)
- **Pork** (cut into pieces)
- **Garlic** (minced)
- **Onion** (sliced)
- **Tomatoes** (chopped)
- **Spinach** or **kangkong** (water spinach)
- **Fish sauce** and **salt** (to taste)
- **Water or chicken stock**

Instructions:

1. **Cook the Pork:**

    - Sauté garlic, onion, and tomatoes in a pot. Add pork and cook until browned.

2. **Add the Mung Beans:**

    - Add the soaked mung beans and water or chicken stock. Simmer until the beans are soft.

3. **Add Vegetables:**

    - Add spinach or kangkong and season with fish sauce and salt to taste.

4. **Serve:**

    - Serve hot with rice.

Kaldereta (Beef Stew)

Ingredients:

- **Beef shank** or **brisket** (cut into pieces)
- **Potatoes** (peeled and cubed)
- **Carrots** (peeled and sliced)
- **Tomato paste** or **tomatoes**
- **Bell peppers** (sliced)
- **Garlic** (minced)
- **Onions** (sliced)
- **Soy sauce**
- **Beef broth**
- **Olives** (optional)
- **Cheese** (optional)

Instructions:

1. **Cook the Beef:**

    - Brown beef pieces in a pot, then sauté garlic and onion.

2. **Simmer with Sauce:**

    - Add tomato paste or tomatoes, soy sauce, and beef broth. Simmer until the beef is tender (about 1-1.5 hours).

3. **Add Vegetables:**

    - Add potatoes, carrots, bell peppers, and olives. Simmer until vegetables are tender.

4. **Serve:**

    - Garnish with cheese if desired, and serve with steamed rice.

Pansit Malabon (Pansit with Shrimp and Pork)

Ingredients:

- **Rice noodles** (pansit malabon noodles)
- **Shrimp** (peeled and deveined)
- **Pork** (sliced)
- **Garlic** (minced)
- **Onions** (sliced)
- **Fish sauce**
- **Patis** (fish sauce)
- **Bacon** (optional)
- **Hard-boiled eggs** (for garnish)
- **Spring onions** (for garnish)
- **Crushed peanuts** (for garnish)

Instructions:

1. **Cook the Shrimp and Pork:**

    - Sauté garlic and onions. Add shrimp and pork, and cook until browned.

2. **Prepare the Noodles:**

    - Cook rice noodles according to package instructions.

3. **Combine:**

    - Mix the cooked noodles with the shrimp and pork mixture. Season with fish sauce and patis.

4. **Serve:**

    - Top with hard-boiled eggs, spring onions, and crushed peanuts.

Bagnet (Crispy Pork Belly)

Ingredients:

- **Pork belly** (cut into chunks)
- **Garlic** (minced)
- **Onions** (sliced)
- **Bay leaves**
- **Salt** and **pepper**
- **Water** for boiling
- **Oil** for frying

Instructions:

1. **Boil the Pork:**

    - Boil the pork belly with garlic, onions, bay leaves, salt, and pepper until tender (about 1 hour).

2. **Dry the Pork:**

    - Dry the boiled pork thoroughly.

3. **Fry the Pork:**

    - Heat oil and deep fry the pork belly until golden and crispy.

4. **Serve:**

    - Serve with dipping sauce and rice.

Sotanghon (Glass Noodle Soup)

Ingredients:

- **Glass noodles** (sotanghon)
- **Chicken** (shredded)
- **Shrimp** (peeled and deveined)
- **Garlic** (minced)
- **Onion** (sliced)
- **Carrots** (julienned)
- **Spinach** or **kangkong** (water spinach)
- **Fish sauce** and **salt** (to taste)
- **Chicken stock**

Instructions:

1. **Sauté Aromatics:**

    - Sauté garlic and onions in a pot until fragrant. Add chicken and shrimp, cooking until done.

2. **Simmer with Stock:**

    - Add chicken stock and bring to a boil. Add glass noodles and cook until softened.

3. **Add Vegetables:**

    - Add spinach or kangkong and season with fish sauce and salt.

4. **Serve:**

    - Serve hot with a squeeze of lime or calamansi.

Bistek Tagalog (Beef Steak)

Ingredients:

- **Beef sirloin** (sliced thinly)
- **Onions** (sliced into rings)
- **Soy sauce**
- **Lemon or calamansi** (juice)
- **Garlic** (minced)
- **Salt** and **pepper**

Instructions:

1. **Marinate the Beef:**

   - Marinate beef slices in soy sauce, garlic, and lemon or calamansi juice for at least 30 minutes.

2. **Cook the Beef:**

   - In a pan, sauté onions until softened. Add marinated beef and cook until tender and golden.

3. **Serve:**

   - Serve with rice and top with the sautéed onions.

Pinakbet (Vegetable Stew with Shrimp Paste)

Ingredients:

- **Squash** (cut into pieces)
- **Eggplant** (sliced)
- **String beans** (cut into pieces)
- **Okra** (sliced)
- **Tomatoes** (chopped)
- **Garlic** (minced)
- **Shrimp paste** (fermented)
- **Pork** (optional)
- **Fish sauce** and **salt** (to taste)

Instructions:

1. **Cook the Pork (optional):**

   - Sauté pork with garlic and tomatoes until browned.

2. **Add the Vegetables:**

   - Add squash, string beans, eggplant, and okra. Stir in shrimp paste and fish sauce.

3. **Simmer:**

   - Add water and simmer until vegetables are tender.

4. **Serve:**

   - Serve hot with steamed rice.

Tapsilog (Beef Tapa, Garlic Rice, and Egg)

Ingredients:

- **Beef tapa** (thinly sliced)
- **Garlic rice** (cooked rice sautéed with garlic)
- **Egg** (fried)
- **Vinegar** and **soy sauce** (for marinating)
- **Brown sugar** (for marinating)

Instructions:

1. **Marinate the Beef:**

   - Mix soy sauce, vinegar, garlic, brown sugar, and pepper. Marinate the beef slices for at least 2 hours or overnight.

2. **Cook the Beef:**

   - Fry the marinated beef in a hot pan with a little oil until crispy.

3. **Prepare the Garlic Rice:**

   - Sauté garlic in oil until fragrant. Add cooked rice and stir-fry until the rice is golden.

4. **Fry the Egg:**

   - Fry an egg sunny-side up.

5. **Serve:**

   - Serve the tapa with garlic rice and fried egg.

Fish Sarciado (Fish in Tomato Sauce)

Ingredients:

- **Fish** (like bangus or tilapia, fried)
- **Tomatoes** (chopped)
- **Garlic** (minced)
- **Onion** (sliced)
- **Fish sauce** and **salt** (for seasoning)
- **Water**

Instructions:

1. **Sauté Aromatics:**

    - In a pan, sauté garlic, onion, and tomatoes until softened.
2. **Add Fish:**

    - Add the fried fish to the pan and pour in water. Simmer for about 10 minutes.
3. **Season:**

    - Add fish sauce and salt to taste.
4. **Serve:**

    - Serve hot with steamed rice.

Ginisang Munggo (Mung Bean Stir-Fry)

Ingredients:

- **Mung beans** (soaked)
- **Pork** (sliced, optional)
- **Garlic** (minced)
- **Onions** (sliced)
- **Tomatoes** (chopped)
- **Spinach** or **kangkong**
- **Fish sauce** and **salt** (for seasoning)

Instructions:

1. **Cook the Pork:**

   - Sauté garlic, onions, and tomatoes. Add pork and cook until browned.

2. **Add Mung Beans:**

   - Add soaked mung beans and water. Simmer until the beans soften.

3. **Add Vegetables:**

   - Add spinach or kangkong and season with fish sauce and salt.

4. **Serve:**

   - Serve hot with steamed rice.

Bibingka (Rice Cake)

Ingredients:

- **Glutinous rice flour**
- **Coconut milk**
- **Sugar**
- **Baking powder**
- **Eggs**
- **Salt**
- **Butter** (for greasing)
- **Salted egg** (optional)
- **Grated coconut** (for topping)

Instructions:

1. **Prepare the Batter:**

    - In a bowl, mix glutinous rice flour, coconut milk, sugar, eggs, salt, and baking powder to form a batter.

2. **Bake the Cake:**

    - Grease a pan with butter, pour the batter, and top with salted egg slices. Bake at 350°F (175°C) for about 30 minutes or until golden.

3. **Serve:**

    - Top with grated coconut and serve warm.

Halo-Halo (Shaved Ice Dessert)

Ingredients:

- **Shaved ice**
- **Sweetened fruits** (like jackfruit, banana, and sweet potato)
- **Leche flan** (caramel custard)
- **Ube ice cream**
- **Sweetened beans** (like red beans)
- **Sugar syrup**
- **Evaporated milk**

Instructions:

1. **Layer the Ingredients:**

   - In a tall glass, layer sweetened fruits, beans, leche flan, and ube ice cream.

2. **Add Shaved Ice:**

   - Add shaved ice to fill the glass.

3. **Top and Serve:**

   - Pour evaporated milk and sugar syrup over the top. Mix before eating.

Kutsinta (Sticky Rice Cake)

Ingredients:

- **Rice flour**
- **Brown sugar**
- **Lye water**
- **Water**
- **Grated coconut** (for topping)

Instructions:

1. **Prepare the Batter:**

    - Mix rice flour, brown sugar, lye water, and water until smooth.
2. **Steam the Cakes:**

    - Pour the batter into molds and steam for 20-30 minutes or until firm.
3. **Serve:**

    - Top with grated coconut before serving.

Empanada (Filipino Pastry)

Ingredients:

- **Flour**
- **Butter**
- **Egg** (for dough)
- **Ground beef or chicken** (for filling)
- **Onions**, **garlic**, and **potatoes** (for filling)
- **Olives** and **raisins** (optional for filling)
- **Egg** (for glazing)

Instructions:

1. **Make the Dough:**

    - Mix flour, butter, and egg to form a dough. Chill for 30 minutes.

2. **Prepare the Filling:**

    - Sauté ground beef or chicken with garlic, onions, and potatoes. Add olives and raisins if desired.

3. **Assemble and Bake:**

    - Roll out dough, fill with the mixture, seal, and brush with egg wash. Bake at 375°F (190°C) for 20 minutes.

Tokwa't Baboy (Tofu and Pork)

Ingredients:

- **Tofu** (cubed and fried)
- **Pork** (boiled and cut into pieces)
- **Garlic** (minced)
- **Onions** (sliced)
- **Soy sauce**, **vinegar**, and **sugar** (for dipping sauce)

Instructions:

1. **Prepare the Pork:**

    - Boil pork until tender, then slice into pieces.
2. **Fry the Tofu:**

    - Cube tofu and fry until golden brown.
3. **Make the Sauce:**

    - Mix soy sauce, vinegar, sugar, and garlic to make the dipping sauce.
4. **Serve:**

    - Serve the tofu and pork with the dipping sauce.

Chopsuey (Stir-Fried Mixed Vegetables)

Ingredients:

- **Mixed vegetables** (like carrots, cabbage, bell peppers, and snow peas)
- **Pork or chicken** (optional)
- **Garlic** (minced)
- **Onion** (sliced)
- **Soy sauce** and **oyster sauce**
- **Cornstarch** (for thickening)

Instructions:

1. **Cook the Meat (optional):**

    - Sauté pork or chicken in a pan until browned.
2. **Sauté the Vegetables:**

    - Add garlic, onion, and mixed vegetables. Stir-fry for a few minutes.
3. **Season:**

    - Add soy sauce and oyster sauce. If the sauce is too thin, mix cornstarch with water and add to the pan.
4. **Serve:**

    - Serve hot with rice.

Batchoy (Pork Noodle Soup)

Ingredients:

- **Pork** (chopped)
- **Pork liver** (optional)
- **Egg noodles**
- **Garlic** (minced)
- **Onions** (sliced)
- **Soy sauce** and **fish sauce**
- **Pork broth**

Instructions:

1. **Prepare the Broth:**

    - Simmer pork, garlic, and onions in water until the pork is tender. Add fish sauce and soy sauce for flavor.

2. **Cook the Noodles:**

    - Boil egg noodles in the broth.

3. **Add Pork and Serve:**

    - Add the cooked pork and optional liver to the soup. Serve hot.

Goto (Beef Tripe Soup)

Ingredients:

- **Beef tripe** (cleaned and cut into strips)
- **Beef shank or bones** (for broth)
- **Ginger** (sliced)
- **Garlic** (minced)
- **Onion** (sliced)
- **Fish sauce** and **soy sauce** (for seasoning)
- **Rice** (optional, for porridge-like consistency)
- **Calamansi** (optional for serving)
- **Chopped scallions** (for garnish)

Instructions:

1. **Prepare the Broth:**
    - Boil beef shank or bones in water for a few hours to create a rich broth.
2. **Cook the Tripe:**
    - In a separate pot, sauté garlic, onion, and ginger. Add the beef tripe and cook until browned.
3. **Combine:**
    - Add the broth to the tripe, and season with soy sauce, fish sauce, and a little salt. Simmer until the tripe is tender.
4. **Optional Rice:**
    - Add rice if you want a thicker, porridge-like soup. Let it cook until the rice is soft and the soup has thickened.
5. **Serve:**
    - Serve with calamansi and chopped scallions for garnish.

Lomi (Thick Noodle Soup)

Ingredients:

- **Egg noodles** (fresh or dried)
- **Pork** (sliced)
- **Shrimp** (optional)
- **Eggs** (beaten)
- **Carrots** (sliced)
- **Garlic** (minced)
- **Onion** (sliced)
- **Fish sauce** and **soy sauce** (for seasoning)
- **Cornstarch** (for thickening)
- **Chopped scallions** (for garnish)

Instructions:

1. **Prepare the Broth:**
    - Sauté garlic and onions in a pot. Add pork and cook until browned. Pour in water and let it simmer to create a broth.
2. **Add Vegetables and Noodles:**
    - Add sliced carrots and noodles to the pot. Simmer until the noodles are cooked.
3. **Thicken the Soup:**
    - Mix cornstarch with water and add to the pot to thicken the soup.
4. **Finish with Eggs:**
    - Slowly pour in beaten eggs, stirring constantly to create egg ribbons.
5. **Serve:**
    - Garnish with chopped scallions and serve hot.

Suman (Sticky Rice)

Ingredients:

- **Glutinous rice**
- **Coconut milk**
- **Sugar**
- **Salt**
- **Banana leaves** (for wrapping)

Instructions:

1. **Cook the Rice:**
    - Soak glutinous rice for several hours, then steam it.
2. **Prepare the Coconut Milk:**
    - In a pan, heat coconut milk, sugar, and salt, then pour it over the cooked rice. Mix well.
3. **Wrap the Rice:**
    - Scoop rice into banana leaves and wrap it tightly.
4. **Steam:**
    - Steam the wrapped rice for another 30-45 minutes.

Puto Pao (Steamed Buns with Pork Filling)

Ingredients:

- **All-purpose flour**
- **Sugar**
- **Baking powder**
- **Coconut milk**
- **Pork** (minced)
- **Garlic** (minced)
- **Soy sauce**
- **Hoisin sauce**
- **Hard-boiled egg** (optional)

Instructions:

1. **Prepare the Filling:**
    - Cook minced pork with garlic, soy sauce, hoisin sauce, and a little sugar until cooked through.
2. **Make the Dough:**
    - Mix flour, sugar, baking powder, and coconut milk to form a smooth dough.
3. **Assemble the Buns:**
    - Place a spoonful of pork filling into a small piece of dough. Add a piece of hard-boiled egg (optional).
4. **Steam:**
    - Place the buns in a steamer and cook for about 15-20 minutes.

Taho (Sweet Tofu Snack)

Ingredients:

- **Silken tofu**
- **Sago pearls** (tapioca pearls)
- **Brown sugar**
- **Water**

Instructions:

1. **Prepare the Tofu:**
    - Steam silken tofu until warm.
2. **Cook the Sago Pearls:**
    - Boil sago pearls until they are transparent, then drain.
3. **Make the Syrup:**
    - In a pot, melt brown sugar with water to make a syrup.
4. **Assemble:**
    - Layer warm tofu, sago pearls, and syrup in a glass. Serve immediately.

Pinoy Spaghetti (Filipino Style Spaghetti)

Ingredients:

- **Spaghetti noodles**
- **Pork** (ground)
- **Hotdog** (sliced)
- **Tomato sauce**
- **Banana ketchup**
- **Sugar**
- **Garlic** (minced)
- **Onion** (chopped)
- **Salt** and **pepper**

Instructions:

1. **Cook the Spaghetti:**
   - Cook spaghetti noodles according to the package instructions.
2. **Prepare the Sauce:**
   - Sauté garlic and onion, then add ground pork. Cook until browned.
   - Add tomato sauce, banana ketchup, and sugar. Let it simmer until thickened.
3. **Combine:**
   - Mix the cooked spaghetti with the sauce and hotdog slices.
4. **Serve:**
   - Serve with grated cheese on top.

Puto Bumbong (Purple Rice Cake)

Ingredients:

- Glutinous rice flour
- Ube powder
- Coconut milk
- Brown sugar
- Grated coconut

Instructions:

1. **Prepare the Batter:**
   - Mix glutinous rice flour, ube powder, and coconut milk to form a smooth batter.
2. **Steam the Cakes:**
   - Steam the batter in special bamboo molds (or any mold) for 20-30 minutes.
3. **Serve:**
   - Serve topped with brown sugar and grated coconut.

Piyaya (Sweet Flatbread)

Ingredients:

- **Flour**
- **Sugar**
- **Water**
- **Lard** (or vegetable oil)
- **Muscovado sugar** (for filling)

Instructions:

1. **Make the Dough:**
    - Mix flour, sugar, and lard to form a dough. Let it rest.
2. **Prepare the Filling:**
    - Melt muscovado sugar and roll it into a paste.
3. **Assemble the Flatbread:**
    - Roll out the dough, place the sugar filling inside, and seal it. Flatten it into a round shape.
4. **Cook:**
    - Pan-fry the flatbread until golden brown.

Pan de Sal (Filipino Bread Rolls)

Ingredients:

- All-purpose flour
- Sugar
- Salt
- Yeast
- Milk
- Butter
- Egg

Instructions:

1. **Prepare the Dough:**
   - Mix flour, sugar, salt, yeast, milk, and butter to form a dough. Let it rise for an hour.
2. **Shape the Rolls:**
   - Divide the dough into small balls and roll them in breadcrumbs.
3. **Bake:**
   - Bake at 375°F (190°C) for about 15-20 minutes or until golden.

Lata (Pineapple Ham)

Ingredients:

- **Ham**
- **Pineapple**
- **Brown sugar**
- **Soy sauce**
- **Garlic** (minced)
- **Ginger** (sliced)

Instructions:

1. **Prepare the Ham:**
   - Slice the ham and place it in a baking dish.
2. **Prepare the Glaze:**
   - In a bowl, mix pineapple juice, brown sugar, soy sauce, garlic, and ginger.
3. **Bake the Ham:**
   - Pour the glaze over the ham and bake for about 1 hour at 350°F (175°C), basting with the glaze every 20 minutes.

Baked Macaroni

Ingredients:

- **Elbow macaroni** (or any pasta of choice)
- **Ground beef** or **pork** (or a mix)
- **Tomato sauce**
- **Cheese** (cheddar and/or mozzarella)
- **Onion** (chopped)
- **Garlic** (minced)
- **Butter**
- **Milk**
- **Flour**
- **Salt** and **pepper**
- **Sugar** (optional, to balance acidity)

Instructions:

1. **Cook the Pasta:**
   - Cook elbow macaroni according to package instructions. Drain and set aside.
2. **Prepare the Sauce:**
   - In a pan, sauté garlic and onion in butter. Add the ground beef or pork and cook until browned.
   - Stir in tomato sauce, season with salt, pepper, and sugar. Let it simmer for about 10-15 minutes.
3. **Make the White Sauce:**
   - In a separate pan, melt butter, then whisk in flour to create a roux. Gradually add milk while stirring to form a creamy white sauce. Season with salt and pepper.
4. **Assemble:**
   - In a baking dish, combine the cooked pasta, meat sauce, and white sauce. Mix in some cheese.
5. **Bake:**
   - Top with more cheese and bake in a preheated oven at 375°F (190°C) for 15-20 minutes or until the top is golden brown and bubbly.

Ukoy (Shrimp Fritters)

Ingredients:

- **Shrimp** (peeled and deveined)
- **Sweet potato** (grated)
- **Carrot** (grated)
- **Flour** (for batter)
- **Cornstarch**
- **Egg**
- **Baking powder**
- **Water**
- **Salt** and **pepper**
- **Oil** (for frying)

Instructions:

1. **Prepare the Vegetables and Shrimp:**
   - In a bowl, combine grated sweet potato, carrot, and shrimp.
2. **Make the Batter:**
   - In another bowl, mix flour, cornstarch, egg, baking powder, salt, and pepper. Gradually add water until the batter reaches a thick consistency.
3. **Combine:**
   - Add the shrimp and vegetables to the batter. Mix well to coat everything.
4. **Fry:**
   - Heat oil in a deep pan. Scoop spoonfuls of the mixture and drop them into the hot oil, flattening them slightly to form fritters. Fry until golden brown.
5. **Serve:**
   - Drain excess oil and serve with vinegar or dipping sauce.

Sisig (Sizzling Pork)

Ingredients:

- **Pork belly** (boiled and chopped into small pieces)
- **Pork ears** (optional, boiled and chopped)
- **Lemon** or **calamansi** (juiced)
- **Onion** (chopped)
- **Chili peppers** (optional, chopped)
- **Mayonnaise**
- **Soy sauce**
- **Vinegar**
- **Salt** and **pepper**
- **Sizzling plate** (optional for serving)

Instructions:

1. **Prepare the Pork:**
    - Boil pork belly and ears until tender. Drain, then chop the meat into small pieces.
2. **Sauté:**
    - In a hot pan, sauté onions and chili peppers in a little oil. Add the chopped pork and cook until crispy and browned.
3. **Season:**
    - Add soy sauce, vinegar, salt, and pepper. Stir well and cook for a few more minutes.
4. **Finish with Mayo:**
    - Remove from heat and mix in mayonnaise. Adjust seasoning to taste.
5. **Serve:**
    - Serve on a sizzling plate for added effect, squeezing lemon or calamansi juice on top.

Inihaw na Baboy (Grilled Pork)

Ingredients:

- **Pork belly** or **pork shoulder**
- **Soy sauce**
- **Calamansi** or **lemon** (juiced)
- **Garlic** (minced)
- **Onion** (chopped)
- **Brown sugar**
- **Pepper**
- **Oil** (for grilling)

Instructions:

1. **Marinate the Pork:**
   - In a bowl, combine soy sauce, calamansi juice, garlic, onion, brown sugar, and pepper. Marinate the pork for at least 1-2 hours or overnight.
2. **Grill the Pork:**
   - Preheat your grill or grill pan. Brush the pork with oil and grill on medium heat, turning occasionally until it's cooked through and slightly charred.
3. **Serve:**
   - Slice the grilled pork and serve with rice and dipping sauce.

Kansi (Beef Soup with Batwan)

Ingredients:

- **Beef shank** or **short ribs**
- **Batwan** (a sour fruit, or substitute with tamarind)
- **Onion** (chopped)
- **Garlic** (minced)
- **Ginger** (sliced)
- **Fish sauce**
- **Salt** and **pepper**
- **Water**
- **Vegetables** (e.g., kangkong, banana heart, or green beans)

Instructions:

1. **Prepare the Broth:**
   - In a large pot, sauté garlic, onion, and ginger until fragrant. Add beef and sear it until browned.
2. **Cook the Beef:**
   - Add water and bring to a boil. Reduce the heat and let it simmer until the beef is tender, about 1-2 hours.
3. **Add Batwan:**
   - If using batwan, extract its juice by boiling it and adding it to the pot. If using tamarind, add it to the broth for a sour flavor. Season with fish sauce, salt, and pepper.
4. **Add Vegetables:**
   - Add vegetables of choice and continue to cook until tender.
5. **Serve:**
   - Serve hot with rice.

Malasakit na Baboy (Sweet and Sour Pork)

Ingredients:

- **Pork belly** or **pork shoulder** (cut into bite-sized pieces)
- **Bell peppers** (red and green, sliced)
- **Onion** (sliced)
- **Pineapple chunks** (with juice)
- **Garlic** (minced)
- **Soy sauce**
- **Vinegar**
- **Sugar**
- **Ketchup** (optional, for color)
- **Cornstarch** (for thickening)
- **Oil** (for frying)

Instructions:

1. **Prepare the Pork:**
    - Season the pork with salt and pepper. Fry the pieces in hot oil until golden brown and crispy. Set aside.
2. **Make the Sauce:**
    - In a pan, sauté garlic and onion until fragrant. Add the pineapple chunks (including the juice), soy sauce, vinegar, sugar, and ketchup (if using). Bring to a simmer.
3. **Combine:**
    - Add the fried pork to the sauce and simmer until well coated. If needed, mix cornstarch with a little water to thicken the sauce and pour it into the pan.
4. **Add Vegetables:**
    - Add the bell peppers and cook for a few more minutes until tender but still crisp.
5. **Serve:**
    - Serve the sweet and sour pork with rice.

Ginataang Bilo-Bilo (Rice Balls in Coconut Milk)

Ingredients:

- **Glutinous rice flour** (for the rice balls)
- **Coconut milk**
- **Sugar**
- **Sweet potato** (cut into cubes)
- **Sago pearls** (tapioca pearls)
- **Banana** (sliced)
- **Pinipig** (optional, for garnish)
- **Salt** (a pinch)

Instructions:

1. **Prepare the Rice Balls:**
    - Mix glutinous rice flour with a little water to form small dough balls. Roll them into small round shapes and set aside.
2. **Cook the Ingredients:**
    - In a pot, bring coconut milk to a boil. Add sweet potatoes and cook until soft.
3. **Add the Rice Balls:**
    - Add the rice balls to the boiling coconut milk. Stir gently and cook until the rice balls float to the surface.
4. **Add Other Ingredients:**
    - Add the sago pearls, banana slices, and a pinch of salt. Let it simmer until everything is tender and well combined.
5. **Serve:**
    - Serve warm with pinipig on top for a crunchy texture.

Biko (Sticky Rice with Brown Sugar)

Ingredients:

- **Glutinous rice** (washed)
- **Coconut milk**
- **Brown sugar**
- **Salt**
- **Pandan leaves** (optional, for fragrance)

Instructions:

1. **Cook the Rice:**
   - Cook glutinous rice in water (with pandan leaves if using) until tender.
2. **Make the Sweet Coconut Mixture:**
   - In a separate pan, combine coconut milk, brown sugar, and a pinch of salt. Simmer until the sugar dissolves and the mixture thickens.
3. **Combine:**
   - Mix the cooked rice with the sweet coconut mixture. Stir until well combined and the rice absorbs the sweetness.
4. **Serve:**
   - Press the mixture into a serving dish, smooth the top, and let it cool before slicing into squares.

Gising-Gising (Spicy Ground Pork with Vegetables)

Ingredients:

- **Ground pork**
- **Baguio beans** (or green beans)
- **Siling labuyo** (bird's eye chili, or other chili peppers)
- **Coconut milk**
- **Garlic** (minced)
- **Onion** (chopped)
- **Ginger** (minced)
- **Fish sauce**
- **Salt** and **pepper**
- **Oil** (for sautéing)

Instructions:

1. **Prepare the Pork:**
    - Sauté garlic, onion, and ginger in hot oil until fragrant. Add ground pork and cook until browned.
2. **Add Vegetables:**
    - Add the chopped baguio beans and chili peppers. Stir fry for a few minutes.
3. **Add Coconut Milk:**
    - Pour in coconut milk and season with fish sauce, salt, and pepper. Simmer until the vegetables are tender and the sauce thickens.
4. **Serve:**
    - Serve the gising-gising with steamed rice.

Puto Flan (Leche Flan on Rice Cake)

Ingredients:

- Rice flour
- Sugar
- Coconut milk
- Eggs
- Evaporated milk
- Sweetened condensed milk
- Vanilla extract
- Water

Instructions:

1. **Prepare the Leche Flan:**
    - In a pan, melt sugar over low heat to make caramel. Once golden brown, pour it into the bottom of individual molds or a baking dish.
2. **Make the Leche Flan Mixture:**
    - In a bowl, whisk together eggs, evaporated milk, condensed milk, and vanilla extract. Pour the mixture into the caramel-lined molds.
3. **Prepare the Rice Cake:**
    - In another bowl, mix rice flour, sugar, and coconut milk with enough water to form a batter. Pour this mixture into the flan mixture in the molds.
4. **Steam:**
    - Steam the puto flan for about 30-45 minutes, or until set. Check doneness by inserting a toothpick; it should come out clean.
5. **Serve:**
    - Let it cool before serving. Slice into squares and enjoy!

www.ingramcontent.com/pod-product-compliance
Lightning Source LLC
LaVergne TN
LVHW081337060526
838201LV00055B/2694